Lichte Finsternis

"Gebet"
einer verlorenen Seele

Nicht Ruhm noch Ehr'
sollen meines Lebens zeugen,
nur was an Liebe übrig bleibt;

und ist dies nichts,
so bitt' ich dich um deinen Platz,
der du umsonst gestorben bist.

- Stefalco Domian -

D u n k e l r e i g e n

–

L i c h t e   F i n s t e r n i s

Bibliografische Information der Deutschen Nationalbibliothek:
Die Deutsche Nationalbibliothek verzeichnet diese Publikation in der Deutschen Nationalbibliografie; detaillierte bibliografische Daten sind im Internet über http://dnb.dnb.de abrufbar.

Herstellung und Verlag: BoD – Books on Demand, Norderstedt

ISBN: **978-3-7448-7339-0**

Inhaltsverzeichnis

Borderline und Depression; nun, dies sind so ein paar Problematiken, die sich entschlossen hatten, mich in meinem Leben zu begleiten und irgendwann zu dem Entschluß kamen, daß es Zeit wäre nicht mehr verdrängbar, 'verleugbar' und handhabbar zu sein.

Über Teile, Begebenheiten, dieser Zeit handeln hier die meisten Gedichte und Phrasen, spiegeln das Auf und Ab, auch deren abrupte Wechsel und Radikalität, wider, geben einen kleinen Einblick in die Verzweiflung, die Zerstörung, die in all dem - hauptsächlich durch mich selbst - stattgefunden hat, aber auch in die lichten Momente, welche von positiven Emotions- und Gedankenlagen durchströmt werden.

Es ist daher eine '**Triggerwarnung**' von mir auszusprechen, denn es werden auch Selbstverletzungs-/ Suizidgedanken angesprochen, Gefühle, Handlungen, sowie "Begleiterscheinungen" ausgesprochen.
Dieses Buch sollte daher nur mit größerer Achtsamkeit gelesen werden!

Da ich mich immer noch in depressiven Phasen befinde, jene aber bei weitem nicht mehr so negativ verlaufen, so ist dieser Gedichtband unter einem etwas abgemilderten Eindruck der gesamten Zeitspanne entstanden und drückt nicht unbedingt in allen Gedichten und Phrasen meinen jetzigen Zustand aus, und auch nicht, was in meinen dunkelsten Tagen, Monaten und Jahren in mir vorging, vorgeht; dies soll Teil eines angedachten 2. Gedichtbandes sein, welchen ich nicht ohne diesen, vorherigen, Band herausbringen wollte.
Viel zu dunkel, zu radikal, zu negativ erscheinen mir die Gedichte, wenn es nicht einen vorherigen Ausblick auf das geben würde, was sich von der absoluten Finsternis abzuheben begonnen hat.

Daß ich hier die alte Rechtschreibung nutze, ist dem
Umstand zuzuschreiben, daß sich in meinem lyrischen
Denken, der plastischen und empfundenen Vorstellung
von Wort und Ausdruck, die neue Rechtschreibung viel
zu klar und zu weich, und sich dadurch von zu schwacher
Wirkung , darstellt, ich es aber "abstrakter" benötige.
Sie ist, genauso wie deren Beugung und Umgestaltung,
ein stilistisches Mittel, und derzeit noch unabdingbar für
mich; mein innerliches Chaos braucht seine Artikulation
in Wort und Bild.

> Des Künstlers Schmerz <

Unbefleckt und voller Leere steht er da,
der Leinwand Grund,
mag sich so ganz wohl gefallen,
alles möglich, nichts tut Kund,
und verbliebe nur der Hoffnung Schein,
der Tage Zeit, sie stehe still;
es wäre mehr als großes Glück,
wenn niemand an die Farben will.

Der bunten Blitze grelle Töne,
erschaffen in der Tiefe Raum,
drängen schneidend zur Palette,
wollen malen ihren Traum;
so ertränken sie die Pinsel,
in dem scharfen Klangpigment,
zwingen es auf weißem Grund,
und reißen Linien, die man kennt.

Behände und mit schnellen Strichen,
ganz abrupt hart aufgetragen,
die Führung scheint wie abgegeben,
Sinne sind weit abgeschlagen,
und nur der Eine grollt und sticht,
treibt die Farben an die Wand;
die Atmung flach und halb im Stand,
in Rage wirkt des Künstlers Hand.

Ein Bild entsteht, ganz farbenfroh,
mit sehr viel Gelb und Rot darin,
kleine schwarze Ruheinseln,
blaue Brücken führen hin;
Gefühl gebannt auf friedlich Leinen,
verwandelt in ein Stoßgebet;
ein erfreuter Kunstbetrachter,
des Malers Schmerz, der vor ihm steht.

> Heimkehr <

In deinem Herzen thront die Nacht,
gibt keine Ruh, hört niemals auf;
es ist nicht schlimm, du kennst den Weg,
und läßt der Zeit halt ihren Lauf.

Du trägst außen deine Seele,
sie ist schwarz, regiert dein Tun;
sie verschmilzt sanft mit der Nacht,
und ermöglicht dir das Ruhn.

Die Sonne taucht das Leben tief,
verleiht Struktur, entfacht die Glut;
doch du suchst Schatten hinter Masken,
sammelst dir dort Kraft und Mut.

Ja, das Schauspiel zeigt dir Szenen,
malt sie aus, läßt dich nicht raus;
du kuschelst dich in deine Tränen,
und du träumst, du wärst zu Haus.

Die Masken hast du stets gepflegt,
es gibt sie noch, doch nur zum Schein;
der Weg ins Nichts ist längst beschlossen,
und du gehst ganz ruhig hinein.

* * * *   * * *   * * *   * * * *

Depression:
Es ist, als würde das Leben direkt neben dir laufen,
und du bist nicht im Stande zur Seite zu blicken.

> Das Buch <

Alte, vergilbte Seiten
schmiegen sich in ledernes Gewand,
reich verziert mit Worten, Bildern,
die mein Leben widerspiegeln;
Fossile einer toten Zeit,
in meiner Hand.

Festgebunden in sich selbst,
nahtlos übergreifend,
und doch ein Chaos,
Schatten der Vergangenheit;
die auf dem Papier sich winden, rekeln,
durcheinander schrein.

Dünn und abgegriffen,
brüchig ist der Zeilen Grund geworden,
gezeichnet,
nicht zur Ewigkeit bestimmt;
und das Buch wird immer schwerer,
wie mein Herz und Seele sind.

Einst gepflegt und gut behütet,
doch nie sicher vor sich selbst,
lag es im Kerker meiner Schmerzen,
tief verborgen;
und nur Repliken stark geschwärzt,
lagen draußen für die Welt.

Von Herz und Seele aufgebaut die Mauern,
die Tür mit Werten fest verschlossen,
so hielt er viele Jahre Stand,
doch des Buches dunkle Seiten
nagten Löcher ins Gestein,
kannten dabei keine Ruh,
und zeigten ihren finstren Schein.

Der Kerker, der versiegelt war,
nun zerlöchert, offen,
alles drängt aus ihm hinaus,
und was einst sicher aufgehoben,
zeigt seine Krallen, seine Zähne,
ist diesmal unabwendbar raus.

Die Zahl der Seiten ist begrenzt,
sonst stets genug,
um jedes Wort und Bild zu fassen,
liegen nun verstreut am Boden,
zerfetzt und durchgekaut,
das Buch jetzt Vieles dünner,
sein Ende naht;
das letzte Wort zerfällt für immer.

> Keller meiner Seele <

Angenehm kühl ist es im Keller meiner Seele,
halbseidenes Dunkel lichten Ausdrucks;
ich bin öfters hier - die Stille bereitet vor.

Alte, verstaubte Bücher, Kisten liebenden Inhalts,
sie liegen andächtig in handgefertigten Regalen,
erheitern die Finsternis mit leuchtenden Bildern.

Leise, die Wände zärtlich streichelnd,
rinnen glitzernd Ströme,
begleiten gelebte Herzschläge in die Tiefen;
sie sind Diener meines Geistes - leere Augen folgen ihnen.

Blaugraue Schleier kriechen verstohlen die Treppe hinab,
fühlen sich angezogen vom modrigen Anblick,
suchen sich Spielgefährten
zwischen bewahrten Möbeln des Lebens.

Atmend gleiten meine Schritte durch das Bildnis,
diffuse Fingerkuppen streifen sich erinnernd
über die Oberflächen;
verstorbene Gefühle wispern in den Ecken -
Leichenhallen erzeugen Sehnsucht.

Zitternd suchen meine Lippen nach ihrem letzten Kuß,
behutsam ist die Zeit an ihm vorübergegangen;
so liegt er aufgebahrt,
in feine Seide eingehüllt.

Gedanken des Abschieds stehen aufbereitet,
Silhouetten zerbrechlicher Seelengestalten;
ein zaghafter Windhauch - das Ich zerfällt.

> Grauer Morgen <

Lautlos schlägt der graue Morgen
auf den gedankenverbrauchten Asphalt der Nacht,
das Licht in tiefes Schwarz gehüllt,
die Strahlen selektiert, geknebelt;
stumme Farben versuchen zu schreien,
doch ersticken an den Worten ihrer Deutung.

Scheinbar reglos liegen die einzelnen Bilder des Lebens
im Konstrukt von Raum und Zeit,
erfahren ihre Bewegung erst durch den Moment
des Wechsel der Positionen;
die Nacht hat sie erstarren lassen,
damit der Tag sie spiegeln kann.

Reste zerfetzter Gedanken und Gefühle
schweben durch die tote Luft,
legen sich auf erst gezeugte Töne,
saugen alles Leben aus, verzerren den Verstandesblick;
dem Herzen gewaltsam entrissen,
frei, doch voller Leere, suchen sie ihren Ursprung.

Verwesender Antrieb schleppt sich unnachgiebig
über die Straßen des Tages,
folgt den dunklen Zeichen ihrer Wanderung
durch lebensfremde Landschaften;
ein Ziel vor Augen,
welches sich im schwarzen Licht zerstreut
und leise lacht.

Lautlos schlug der graue Morgen
auf den gedankenverbrauchten Asphalt der Nacht,
hat den Ursprung dort entlassen;
auf daß das Äußere dem Innern gleicht.

> Tropfen <

Der Tag ist schön,
der Himmel von schweren Wolken geschwängert,
durch dumpfes Grollen getragen;
schwarz und unheilvoll, doch traumhaft intensiv.

Gezeugt von in sich vergehenden Tropfen
steigen sie auf, sinken herab,
suchen ihre Mitte;
ein stetiger Wechsel zwischen Leben und Tod,
doch ohne Leid.

Das Lied des Wandels, laut erklingt es,
und die Töne tanzen, mischen sich;
alte und neue Seiten erzählen dieselbe Geschichte,
ganz ohne Noten.

Ein schwaches Funkeln in den Wolken,
Reflexionen flackern auf und fallen herab,
geben sich dem Schauspiel hin;
die Erde wartet schon auf sie,
empfängt sie wahrlich ungeduldig.

Der Tag vergeht,
die Tropfen kehren heim,
zerplatzen an der Wahrheit Schild;
so spaltet es sie auf,
blutrot und tief genährt,
für alle Zeit.

> Herbsttag <

An kalte Mauern mich gestellt,
der hohen Zinnen Blick entzogen,
ein Regentropfen gar sich abwärts windend,
an des Weinlaub werdend Purpur-Blättern,
müde nun zu Boden fällt;

so will ich in diesen Stunden,
des Lichtes Strahlen überdrüssig,
im Schatten einer reifen Traube,
mein Angesicht ganz tief verbergen,
vor des Todes ewig Häschern,
möcht noch einmal Lerchen hören,
auch verstehn,
den Flieder nochmals duften sehn,
und mit einem Königsfalter
ein letztes mal zum Tanze gehn;

und ein Schatten,
der der meinigen Statur entstammt,
ruht auf kalten Weinlaub-Mauern,
schläft dort,
wo ich einst lebend stand.

* * * *   * * *   * * *   * * * *

Die einsamsten Gedanken
sind manchmal die,
die dem Herzen am nächsten sind.

> Verstorbener Traum <

Schwindend tragen Gedanken vergangenen Inhalt,
wollen ihn zur Ruhe betten,
doch vergehen in der Zeit;
flacher Atem begleitet den Zug,
ausgehöhlt von überfüllten Gefühlen.

Besinnend konnten sie die Welt wachsen hören,
gingen dem Wesen tiefer als der Grund,
vernahmen das Sein;
gedämpfte Töne verteilen sich im Totenhain,
suchen ihre Augen.

Verblassend schreitet die Zärtlichkeit
hinter erkaltenden Händen,
nur noch Schatten schlagender Herzen, Erinnerung;
beklommene Worte versagen an versiegelten Lippen,
bleiben stumm.

Schweigend ziehen Silhouetten erahnbar vorbei,
begleiten den Rest eines lieblichen Duftes,
umspielen betörend verstörend;
lärmende Rinnsale betretener Fußspuren hemmen,
haben die Stille verlernt.

Androgyn durchfluten Emotionen im Jetzt das Morgen,
haben sich noch nicht entschieden,
wollen es als Vergangenheit hinauszögern;
schamhafte Blicke kreisen um die Gedanken,
würden gerne beides sein.

Erinnernd kehren liebende Bilder des Herzens zurück,
zeigen vertieft gelebte Erkenntnis,
zerstreuen Zweifel und erwecken das Sein;
wärmende Tränen erblicken das Licht,
ein Lächeln - es ist gut, leb wohl.

> Silberglocken <

Wenn Silberglocken hängen,
an des Himmels Firmament,
sie leis, doch innig läuten,
wie es nur ein Engel kennt,
die Wolken wachend nebenstehen,
von Licht durchbrochen,
traurig grau,
sanfte Winde kosend wehn,
und der Felder Blumen wiegend tanzen;

so schließ die Augen, sieh mit Herz,
fühle jenen Glockenklang,
laß dich treiben, nimm den Schmerz,
- halt und küsse ihn ganz zart -;
es ist der Nachklang einer Seele,
die dir einst die Liebe war.

* * * *   * * *   * * *   * * * *

Als du mich noch liebtest,
an meiner Seite warst,
da war ich dir stets treu,
ließ all andere Verführung stehn,
liebte dich von ganzem Herzen;
heut bin ich mir selber treu,
und so hat sich nichts daran geändert.

> Der Rosenbusch <

Es steht allein, an sanfter Biegung,
ein Rosenbusch bei dämmernd Nacht,
und wie Geheiß der Stille Fügung,
schlossen sich der Blüten Pracht.

So stand ich dorte, still und stumm,
beschaute dieses Blütenspiel,
berührte sie, zu fühln warum:
War ihnen auch der Tag zu viel?

Es rannen kleine, zarte Tränen,
der Nächte Nebel legte sich,
an ihren kräftig Blätter Sehnen,
von denen keins den Blüten wich.

Wie lieblich sanft der Anblick war,
den Duft der Liebe noch vernehmend,
das Antlitz jener 'törend Macht doch zwar,
ganz verschlossen auch ablehnend.

So seh ich nun die häßlich Dornen,
die mir Bewundrer Schmerz zufügen;
doch nur Geduld, ich wart auf morgen,
dann wird der Blüten Liebe für mich lügen.

Und noch immer wart ich dort,
Tag für Tag und Jahr für Jahr;
reißt mich auch der Schmerz nicht fort,
weil ich einst die Blüten sah.

> Gänseblümchen <

Es ist der Zauber jener Nächte,
der mir so zu Herzen geht,
wenn still und funkelnd - überall -,
an des Himmels Firmament,
einer selig großen Wiese gleich,
ein Gänseblümchen friedlich steht.

Ranken Stieles, zart beblütet,
mit krönend rotem Kranz beschenkt,
erwächst es strahlend schön im Leben
- das Köpfchen sanft zur Seit geneigt -,
empfindsam wie der Seele Güte,
als ob es einen Kuss empfängt.

Der Sonnen Feuer tief in ihr,
versteckt in ihrer Blüte Strahlen,
bezirzet mich auf meinen Bahnen
- als treuen Vagabund der Zeit -,
und läßt, für eines Augenblicke,
ihre Liebe mich erahnen.

Die Monde schreiten rasch vorüber,
begrenztes Glück im Erdenreich
- vertrösten auf das nächste Jahr -,
und bitten um die letzte Blüte,
so wächst missend nach des Blümlein Kranze,
der Sehnsucht Gram nach dir sogleich.

In meiner Suche zu vergessen,
mein Haupt nach oben nur gelenkt,
fand ich
- im Blütenmeer aus tausend Sternen -,
doch auch dein leuchtend Bild;
und so verzeih mir alten Tor,
lebst du doch, wenn ich nur an dich denk.

> Unnahbar <

Es sehnte sich, in jenes Jahr,
in jenem, wo einst nichts geschah,
mein karges Ich, was so viel sah,
um auszuruhn, es niemals war,
die Zeit noch rein, ganz sternenklar,
kein Neid, kein Hass, so einfach da,
des Lebens Lust, und niemand starr,
der Liebe Hort, so traumhaft wahr,
ein ew'ger Tanz, und glücklich Narr,
ist längst vergangen,
unnahbar.

* * * *   * * *   * * *   * * * *

Nichts ist so süß,
nichts so bitter,
wie der letzte Kuß des Menschen,
den du liebst,
bevor er für immer geht.

> Haus am Bergeshang <

Blaugrüne Schleier
wabern durch die schlafend Seele,
schwappen sanften Wogen gleich,
an des Träumers Großhirnrinde,
zeichnen an des Berges Hang
ein Häuslein kargen Anblicks.

Die Fenster sind straff zugezogen,
die Gardinen eisern fest vernagelt,
und an des Tisches hoher Seite sitzend
träume ich vom Schritt nach draußen,
laß mich treiben in des Tages Lauf,
und ein Lichtstrahl weist den Weg.

Die Berge sind tief eingehüllt
von den Geschichten längst vergangner Zeiten,
verschlungene Pfade der Erinnerungen
brechen klar durch die Glasscheiben,
Nadelhölzer wiegen sich
in warmen Sommerduftwinden seliger Wälder.

Ich hab dich hier einmal träumen sehn,
von lächelnden Augen und Herzen,
und habe sie mit einstigen Worten
auf meinen Feldern
der verlorenen Hoffnungen gefunden,
sie in ächzend Bäumen sitzen;
ach gar dunkle Nebelkrähen.

Lautlos zogst du an mir vorbei,
ich erahnte noch deinen Schatten,
vernahm den Rest deines lieblichen Duftes,
als du durch die Türe schrittest,
der Tisch verwaist,
und noch betucht mit alten Rosengrüßen.

Purpur war die Farbe des Blutes,
als es auf den Boden tropfte,
schillernd die Oberfläche flüssigen Lebens,
gezeugt von suchenden Armen,
und sachten Lippen,
die den Kuss der Dornen an den Händen
schmecken.

Fahl steht das dämmernde Haus
zwischen lebendigen Inhalt am Bergeshang,
und ich sehne die Tage des vergangenen Morgen,
blicke durch die Fenster hinaus,
folge dir nach draußen, erwache;
doch es war nur ein Traum,
und die Türen verschlossen.

> Der Rest <

Lang gehegt, der Traum vom Glück,
Alles gegeben und dennoch verloren,
es fehlte immer nur ein kleines Stück,
mit Freude und Pein, zum Sterben geboren.

Der Wahrheit Weg war vorbereitet,
stand in sich gefertigt da,
die Zeit hat es für mich verleidet,
zu lang der Zug zum Atmen war.

Die Weichen sind fest eingestellt,
das Ziel vor Augen liegt so klar,
und des Schmerzes Liebe hält,
kein verstellen, einfach wahr.

Die Freude in mir stetig wächst,
das Dunkel aber ewig bleibt,
so leb ich nun, doch blick zuletzt,
auf das, was mich zum Ende treibt.

Das Glück mir lange hold geblieben,
der schönen Gründe Hauch noch da;
ich suche nach dem Rest des Lieben,
was ich einst im Leben sah.

* * * *   * * *   * * *   * * * *

Der Mensch hat so viel Angst vor dem Schmerz
einer vielleicht zerbrechenden Liebe;
doch weder sieht, fühlt noch versteht er einmal
das bittersüße Leid sich trennender Lippen.

Und die Suche nach dem wahren Glück
endet am Grabbeltisch der Eitelkeiten.

> Die Suche <

Hast du vielleicht mein Herz gefunden?
Es ging mir irgendwo verloren.
Ich hab's gesucht, so viele Stunden;
es hat sich stets für mich geschunden.

Hast du vielleicht die Kraft gesehn?
Sie ging mir aus und kam nicht wieder.
Ich frage mich: Was ist geschehn?
Die Leere kam und schlug mich nieder!

Hast du vielleicht mit mir gesprochen?
Die Stimme wurde immer leiser.
Ist langsam von mir weg gekrochen;
nun bin ich stumm und mehr als heiser.

Hast du vielleicht mich selbst erlebt?
Ich finde nur noch selten statt.
Fühle mich nur wenn es bebt;
ein Sturm im Nichts, unendlich matt.

Hast du vielleicht den Grund erkannt?
Ich kenn ihn nicht, leb so seit vielen Jahren.
Doch irgendwann war ich verbrannt;
ich schließ die Augen, kein Verzagen.

Hast du vielleicht die Nacht gesehn?
Ich such sie jeden Tag.
Mein Herz blockiert noch, kann nicht gehn;
so warte ich, bis sie mich mag.

> Mein Leuchten <

Einst geboren aus der Dunkelheit ins Licht,
längst zurückgekehrt,
um meinem Geist und Herz zu folgen,
steh ich in meinem Leben
und leuchte nur noch innerlich.

In den Schatten des Seins, der Sinn bleibt
verborgen,
kein Licht ihnen Struktur verleiht und dennoch da;
Schwarz vom Nichts gezeugt und mit Blut gesalbt.

Die Spuren des Feuers sind noch zu sehen,
eisern die Glut,
umschlossen und beherrscht vom Eis;
ewig kämpft sie,
und bricht sich immer neue Wege.

Der Schmerz zum Pagen degradiert, verdammt,
Leichen bezeugen den Krieg und nähren die Saat;
so ist mein Leuchten in der Dunkelheit verwurzelt.

* * * *　　* * *　　* * *　　* * * *

Du träumst von den Lichtern des Lebens,
sehnst dich nach den Sternen der Nacht,
und findest sie in deinen Gedanken,
in deinem Herzen,
wenn du sie schließt, deine Augen,
im Glauben an Hoffnung,
sei es auch nur für einen einzigen Tag.

> Die Nacht <

Die Nacht hat sich ihr Kind geholt,
es gebettet zu den Seinen;
dort liegt es nun, auf den Gebeinen,
und des Lichtes Schein verstummt.

Die Nacht hat sich ihr Kind geholt,
war niemals wirklich fort;
hat dem Licht nur Zeit geschenkt,
und doch die Finsternis gewollt.

Die Nacht hat sich ihr Kind geholt,
schmiegt es in seine Dunkelheit;
das Leuchten bleibt, nur ungesehen,
in versterbend Ewigkeit.

Die Nacht hat sich ihr Kind geholt,
lebt in sich, unendlich weit;
die Zeit sie endet irgendwann,
und doch ein Meer aus Tränen bleibt.

* * * *   * * *   * * *   * * * *

Trockne deine Tränen nicht,
laß ihnen ihre Zeit zu fließen;
sie wissen deines Herzens Leid,
wollen ihres nicht verschließen;
hüllen es in sanftes Kleid,
und zeigen deines Schmerzen Licht.

> Dein Lied <

Sanft gleitet die Melodie
über die Konturen meines schlagenden Herzens,
umschließt meine Seele
mit lebendigen Farben und Klängen,
läßt mich wandeln in Träumen
von Sehnsucht und Schmerz,
denn du bist gegangen, ewig fort,
und hast mir dieses Lied gelassen,
voll Liebe und Glückseligkeit,
welch einmal war;

und meine Tränen tanzen deine Zeit,
lachen, trauern,
bis in alle Ewigkeit.

* * * *   * * *   * * *   * * * *

Alles was du aus Liebe gibst
ist ein Geschenk;
und kein Anspruch auf Erwiderung.

> Graue Himmel <

Wenn ich in die Landschaft seh,
so seh ich graue Himmel.

Ich seh sie in den Fenstern schwellen,
sich aus kleinen Pfützen quellen,
und in mir vergehn.

Ich seh sie durch die Gassen spuken,
in der Menschen Herzen luken,
und in mir vergehn.

Ich seh sie an den Häusern nagen,
Glücksmomente fressen, nicht mal fragen,
und in mir vergehn.

Ich seh sie gar auf Jahresmärkten,
feilgebotenes Verderben,
und in mir vergehn.

Ich seh sie in der Menschen Fratzen,
neidisch dürstend Gierschlundtatzen,
und in mir vergehn.

Ich seh sie in der Worte Wahl,
selbst im schönst Geburtensaal,
und in mir vergehn.

Überall sind graue Himmel,
die in mir vergehn,
schau ich in mein Herz hinein,
und ich dort dein Antlitz seh.

> So Vieles <

So vieles bin ich geworden,
und so vieles nicht;

mehr Dunkel gleich Helle,
und doch weniger Schatten und Licht;

des Finstren Verführer,
und des Engels Gedicht;

ein Rebell in den Köpfen,
und doch in des Herzens Pflicht;

die Fußspur im Weltall,
und kein Stern in Sicht;

das Meer voller Seiten,
und doch der Tinte Verzicht;

ein Fels in der Brandung,
und die zerstobene Gischt;

am Abgrund der Hoffnung,
und doch in der Liebe Gesicht;

Und immer so Vieles,
und so Vieles nicht.

Nur eines bin ich schon ewig,
weil es mir entspricht:
Ein Mensch mit liebendem Herzen;
und immer noch ich.

> Schleierwolkenblume <

In Schleierwolken tief verhangen,
einsam eine Blume steht,
die Blätter zart und samtumfangen,
von lauen Lüften nur umweht,
und kleine Tröpfchen nassen Schweigens
zu des Stieles Anfang rinnen,
Wurzeln mit bedachten Küssen
nach der Tropfen Worte sinnen,
wartet duldsam deines Kommens,
deiner Sehnsucht suchend Blick,
hat dein Rufen längst vernommen,
hält ihren Duft für dich zurück;

so gehe hin und laß dich nieder,
streife mit den Augen sacht,
ihrer Blüte tröstend Lider,
sind doch nur für dich erdacht,
lausche tief in ihren Grund,
traue deinem Herzen wieder,
und du hörst der Tropfen Schweigen,
in verwandelt Lebenslieder.

* * * *   * * *   * * *   * * * *

> Ein Gefühl {4} <

Ein Gefühl,
als würden tausend Schmetterlinge,
im wunderschönsten Abendrot,
mit dem Tod ein lachend Tänzchen wagen,
sich drehen, wie zu rauschend Feste,
um sich selbst, und um einander;
und bunte Bilder funkeln in den Seelen,
und lassen ihre Leben
ein letztes Mal vom Tag erzählen.

31

> Der Traum vom Atmen <

Beklemmende Stille liegt auf den Äckern des Lebens,
kein Sonnenstrahl berührt noch den Boden,
der Windhauch steht erstarrt am Waldesrand;
jedes Saatkorn hält inne, wagt es nicht zu keimen.

Ins Zwielicht gezerrte Schatten
flackern über den Furchen,
gemeißelte Schreie kriechen lautlos in verwesender Luft,
durchwühlen
mit blutig-schwarz entstellten Klauen die Erde;
das Wasser ist brackig und lebt vom nistenden Tod.

Sich ausbreitende Kälte obsiegt der müden Gegenwehr,
jede Möglichkeit des Auflebens erfriert im Augenblick,
tief dringt das strangulierende Bild bis ins Herz;
ein Thron aus dunklen Seelenleibern
ragt drohend empor.

Schwere Ketten hängen an verknöcherten Bäumen,
dunkle Girlanden,
die den Odem des Lebens an sich binden,
rost'ges Quietschen durchfließt spürbar die Welt,
doch ohne Ton;
skelettierte Vogelkörper ziehen sich erschaudernd
zusammen.

Das Gleichnis farbenberaubter Silhouetten gebärt die
Szene,
verstummte Herzschläge
vermodern auf bemalten Leinwänden,
der Himmel ist grotesk verzerrt,
und läßt kein Entfliehen zu;
die Finsternis hat sich ihr grausig Bett im Jetzt bereitet.

Die Nacht bricht an,
und selbst die Dunkelheit geht schlafen,
zersetzte Wünsche liegen felsengleich
auf der Brust des Seins,
die Freiheit beengt und eingesperrt
in scharfkantigen Schluchten;
die Stille kommt zur Ruhe,
trägt einen zarten Klang.

Ein kleines Licht liegt schwach wärmend in der Ferne,
sanftes Grün und Blau verkünden Hoffnung dort auf
Leben,
die Lungen sehnen sich nach frischer Luft und mehr;
die Wege hin zu jener Sphäre
einst zerstört und dennoch da.

Die Äcker sind verhüllt
mit Schleiern aus Angst und Kraftlosigkeit,
keine Seele will sich rühren,
nur ein Saatkorn blickt zur Ferne,
öffnet sich, geht diesen ersten Schritt,
fängt an zu träumen;
einen Traum: Den Traum vom Atmen.

* * * *   * * *   * * *   * * * *

In einem Meer aus Gedanken
liege ich mir selbst zugewandt und erkenne,
daß nicht ich mich beobachte,
sondern die Sehnsucht, die mich vermißt,
und will, daß ich heimkomme,
sie wieder als akzeptablen Schmerz beherberge;
doch ich kenne nur ein Ziel.

> Tausend Worte <

Tausend Worte sind gesagt,
noch mehr Tränen sind geflossen;
tausend Narben sind vollbracht,
doch kein Herz hat sich erbarmt;
tausend Schreie sind gefallen,
doch es blieb für immer still;
tausend Seiten war'n geschrieben,
und der Seele letzter Will.

Tausendfach, so steh ich hier,
sehne nach des letzten Tag,
und tausendfach,
so warte ich,
daß ich endlich gehen darf.

* * * *   * * *   * * *   * * * *

So mancher begibt sich in Therapie,
nicht, weil er noch leben möchte,
sondern, weil er so nicht sterben will.

Doch das ist wenigstens die Chance für ein Weiter;
bitte nimm sie wahr!

> Seele in der Nacht <

Siehst du die Seele in der Nacht,
sie streift durch die leeren Straßen ihrer eigenen Zeit,
liebkost die Sterne,
die ihr Erwachen in der Ewigkeit bedeuten,
umschlossen vom kalten Hauch der Dunkelheit ihres
Todes.

Vorsichtig,
fast zärtlich setzt sie Schritt für Schritt,
kein Korn der Hoffnung, nichts,
darf der Last ihres Herzens Opfer werden,
keinen Schrei ihrer Schmerzen drängt es sich zu
offenbaren,
tröstet doch die Stille die Tränen,
gibt ihnen ein Heim.

Tief ist ihr Atem, welcher ihre Leere füllt,
entfesselt das vergangene Licht
in den Erinnerungen des Mondenschein,
zeigt Momente voller Liebe, die bei Tage leiden
würden,
sind sie doch empfindsam wie der Rose Blüte.

Und so wandelt sie durch die vergehende Welt,
begleitet von den Schatten ihrer Bilder,
den Echos ihrer Stimmen,
bittet das Herz zum Schlag,
daß sie den letzten Stern erblicken möge,
der ihr zur künftig Ruhe gereichen soll,
die Tränen Sternenfunkeln sind.

> Liebliche Erkenntnis <

Die Nacht, der Mond, die Sterne klar,
Stadt und Wald vom Licht gestreichelt;
verrottende Fetzen hängen von mir herab,
waren einst ein Teil von mir.

Die Bäume, Straßen, die Flüsse still,
Tier und Mensch in schwarz gehüllt;
Blut rinnt meinen Körper hinunter,
folgt dem Fleisch und nährt die Saat.

Die Seelen, Herzen, das Hoffen behütet,
Wahrheit und Liebe halten Stand;
meine Existenz ist restlos aufgebraucht,
doch hält man mich am Leben.

Die Worte, Musik, das Schweigen rein,
laut und leise von Winden getragen;
Maden fressen sich durch meine Haut,
bereiten ihres und andere Leben vor.

Die Nacht vergeht, erste Morgenröte erstrahlt,
und der Mondschein wortlos verklingt;
man sieht mich nicht mehr wandeln,
doch ich bin da, in Pflanz, in Tier,
bleibe ewig,
und irgendwann ein Teil von dir.

* * * *   * * *   * * *   * * * *

Sprich der Welt nicht ab,
was nur der Mensch in sich trägt,
und nicht überwinden will oder kann.

> Verstoßenes Herz <

Die Zeit, sie schaut auf dich zurück,
erklärt dir unbarmherzig den Verrat,
daß du niemals hättest denken sollen,
die Gedanken, die du einst gedacht,
dein Herz, dich selbst verraten hast,
in diesem einen Augenblick, der ewig ist.

Allein das Denken konstruiert dein Leben,
das Herz, ein Tumor der Gefühle,
der Feind des Egos, Gegner deines Glücks,
das es auszumerzen gilt,
um es durch eine Maschine zu ersetzen,
die funktioniert,
und niemals schreit, noch weint, bereut,
auch wenn sie sich und andre bluten läßt.

Der stumme, tiefe Blick in deine Seele,
ein bunter Film aus Lügen zu dir selbst,
die der Verstand errichtet hat, um der Schuld zu
entsagen,
die Tat vergessen werden zu lassen,
dein Handeln zu diktieren,
den bitteren Geschmack des Herzens
verdrängen zu können.

Die Wahl des Weges scheint sich aufzugehen,
die Freiheit des Herzens ist besiegt, geknechtet,
zu kontrollierten Fetzen der eigenen Emotionen,
die den Gedanken hörig sind, ohne eigene Stimme,
dich unbeschwert durch die Ruinen wandeln lassen,
die du selbst erschaffen hast.

Die Schritte nun befreit von allen Lasten,
des Lebens Steine verstoßen, ausgeblendet,
doch stolperst du, hast ein Ziehen in der Brust,
der Verstand versucht zu lösen,
hält Ausschau nach Erklärung,
nur Reflexionen des Verbannten kommen zurück,
Gedanken die dich quälen,
getrieben, nicht von dir.

Der Widerspruch in dir steht vor dem Spiegel,
hofft auf Antwort, die es niemals geben wird,
hat er selbst die Frage doch gestellt,
Offenbarungen verwehrt,
die Augen nur auf sich gerichtet,
in der Hoffnung sein Selbst verstehen zu können;

und das Herz schweigt still,
läßt den Blick dich spüren,
weil es bereits Alles weiß.

* * * *   * * *   * * *   * * * *

Die Erscheinung des Lebens,
eine Reflexion des eigenen Selbst;
sie zu erkennen obliegt jedem einzelnen,
sie zu gestalten uns allen.

> Erhellende Schwärze <

Der Raum war dunkel als ich eintrat;
kleine Kerzen umrissen die Struktur des Inhalts,
gaben einen Blick frei auf des Mobiliares Fülle.
Fein geordnet und gepflegt,
so stand es da, doch gut verdeckt.

Das Durchschreiten des Raumes veränderte die Szenerie;
morsches Holz,
blutiger Abrieb an den Wänden sprachen von Leid,
versetzten das Herz in reißende Spannung.
Entsetzt suchten Verstand und Augen nach einer
Erklärung.

Die Gänge, zwischen den verdeckten Elementen,
waren gut genutzt;
keine Stelle lud zum Verweilen ein,
bot Schutz zum Ruhen,
gar gab es einen Hinweis zum Geheiß des Ortes.
Die Farben reichten nicht aus,
um ein Bild der Situation zu malen.

Tiefenblind,
doch sehend, schritt ich weiter ohne Erkenntnis;
unerträgliche Fülle von alles und nichtssagendem Inhalt,
einem Raum, der in sich lebt und in sich vergeht,
während die Kerzen erlöschen.

Die Schwärze übernimmt die Handlung,
gibt plötzlich Wege frei,
zeigt erhellende Gedanken
und steht dem Leid ein bißchen bei.

> Grollender Ursprung <

In sich erbebend, heftig schlagend,
klopft mein Herz in meiner Brust,
mit dumpfem Donnern, Angst erlabend,
das Blut geführt zu Dunkels Kuß.

Zwanghaft gepreßt des Blutes Lauf,
sich in den Aug' geweitet Bahnen,
der Tiefe Puls bricht Gräber auf,
es grollt der Ursprung seiner Ahnen.

Angespannte Muskeln schreien,
kein Bild ins Außen sie doch tragen,
in ruhiger Maske leis verweilen,
Gebirge unter stillen Lagen.

Schwarz verzerrt die Nerven klagen
- ein modrig Nebel zieht vorbei -,
mit scharfen Tönen spürbar fragen,
wie groß der Will' zum Bleiben sei.

Reißend stellt die Haut das Brennen,
der Gefühle Ausdruck hin,
und versagte Tränen kennen
ihres Schweigens tief'ren Sinn.

Der Verstand zerspringt im lautlos Klirren,
und Scherben fallen in das Nichts,
Blitze vor Gedanken schwirren,
die Antwort eines alten Lichts.

Zähen Saft das Herze pumpt,
durch des Körpers Adern, Venen,
spitzer Schmerz in sich verklumpt,
das Donnern ein nach Leben flehen.

In mich gekehrt, an ruhigem Orte,
des Dunkels Kuß in Armen wiegend,
fand ich, des Herzens blutend, liebend Pforte,
den Frieden neben Gräbern liegen.

* * * *　* * *　* * *　* * * *

Manchmal ist es so,
daß man nur dann, mit sich, und für sich,
wirklich allein sein kann,
wenn man dabei zu zweit ist.

> Regenchor <

Der grauen Wolke wucht'ge Formen,
erbost, ganz schwer, und tiefgewalt,
entblößen sich der starren Normen,
verwandelt ihre Grollgestalt.

Sie rollt und dreht in sich voran,
bäumt sich auf, bricht sich empor,
verwischt Konturen, fällt alsdann,
beginnt der Tropfen stillen Chor.

Sich nicht suchend, dennoch findend,
noch nebelgleich, ein zarter Reigen,
die kleinen Tröpfchen an sich binden,
leises Wachsen unter Geigen.

Der Stimme Chor sich nun erhebt,
die Wasser haben sich gefunden,
sich liebend auf die Geigen legt,
den Tanz zur Erde angesungen.

Es geht ein Rauschen durch die Lüfte,
der Regenchor, er kommt hernieder,
ersingt im Fallen klarste Düfte,
verklingt am Boden in neue Lieder.

> Gebet zur Liebe glaubender Kühnheit <

Laß mich jene Hoffnung tragen,
die keiner tragen will,
möcht sie in meinem Herz verwahren,
bis ihr gedacht wird, sehnsuchtsstill.

Teil mir die Last aus deinem Herzen,
ich will sie gleichsam in mich nehmen;
gemeinsam weinen, gemeinsam scherzen;
Glücklichsein heißt Alles leben.

Beglücke mich mit deiner Sturheit,
möcht sie an meine Seele binden,
ich lieb den Zwist als Zeitvertreib,
und das heiß Zusammenfinden.

Schenke mir des Ungeist Wille,
ich mag versuchen ihn zu 'kehren,
und brech ich an ihm, leise, stille,
sollst du mich deine Weisheit lehren.

* * * *　　* * *　　* * *　　* * * *

Bitte laß mein Herz nicht bluten,
wenn du weißt,
daß jeder Tropfen dir gehört,
doch du es gar nicht lieben willst.

> Geliebtes Wesen <

O du schönste aller Blumen,
sollt ich dich beim Namen nennen,
dich in schnödes Wortkleid pressen,
dir den Rahmen plumper Sache geben,
obwohl du mehr bist, als nur Leben?

Ich will nur Bilder um dich malen,
mit zarten und mit harten Noten,
sanften Düften wunderbar,
einer Lust dich auch zu kosten,
erst durch spüren endlich wahr.

* * * *　　* * *　　* * *　　* * * *

> ein Gefühl {5} <

Ein Gefühl,
als treibt die schönste Melodie zum Siegen,
und ich würd zwischen Sternen fliegen,
Kometenvogelgleich
den Puls des Universums lieben,
in mir vergehen, hell erstrahlend,
mit Schweifes Flügeln kräftig schlagend,
des Lebens Rhythmus weitertragend,
mich dem Planetenbahnentanz ergeben,
glücklich taumelnd sich bewegen,
und im Licht der Sonne ewig leben.

> Noch einMal <

Noch einmal möcht ich mich umziehn,
den Wechsel vollenden,
der sich stetig in mir bricht.

Noch einmal will ich meinen Rucksack packen,
die Lasten schultern,
deren Gewicht nichtig in mir ist.

Noch einmal werd ich meine Arme öffnen,
mich mir stellen,
dem, was dunkel in mir ficht.

Noch einmal mag das Herz mich leiten,
den Weg beschreiten,
welcher lang schon ist in Sicht.

Noch einmal soll die Klinge schreiben,
das Wort bekennen,
welches in mir ewig Licht.

Noch einmal;
nur noch ein Mal.

* * * *   * * *   * * *   * * * *

Irgendwann begreifst du,
daß es darum geht,
den richtigen Platz für dich zu finden,
und dort zu bleiben,
um von dort aus
in alle Richtungen zu wachsen.

>Die Wiese<

Es ist kalt an jenem Morgen,
der die letzte Nacht verdrang;
ein Funkeln liegt noch in den Wiesen,
und der dunklen Töne Klang.

Die Nacht war heiß im Kerzenschein,
die Bilder, Worte wohl gelungen;
die Leinwand muß sich noch beruhigen,
doch der Einband ist besungen.

Der Linien Zahl ist viel getan,
ging ganz leicht, die Hand war ruhig;
die Farbe floß im stillen Takt,
und die Garbe schützt das Fluid.

Die Seele war des Malers Ziel,
zu beschreiben sein Verlangen;
die Pinsel sprechen leis, doch viel,
und brechen auf, den Weg zur Mitte,
um sie in ein Bild zu bannen.

Der Verstand spielt böse Streiche,
läßt das Herz am Hirn verzweifeln;
Gefühle bringen freudig Leid,
nur die Betäubung gibt noch Zeit,
um die Seele sacht zu streicheln.

Die Tropfen funkeln rot im Grase,
die Klinge hat ihr Werk vollbracht;
das Blut gerinnt, es stoppt die Flut,
und des Tages Schein zeigt seine Pracht.

Der Spuk ist aus, der Kopf ist still,
nur das Herz zeigt noch das Bild;
es ist gemalt mit seinem Dank,
einem Meer aus Liebe, für sie Beide,
doch für's eigne Leben viel zu krank.

> Ich wünscht <

Ich wünscht, ich wär ein Schatten in der Nacht,
frei von jeglich lebender Kontur,
die meinen Schmerz erzeugt, erdacht,
gar aufgelöst in dunkler Pracht.

Des Gedanken Spiel mit scharfer Klinge,
längst blutend aus des Leibes Fleisch,
ist nun zurück in meiner Seele,
wartet leise, harrt der Dinge.

Ich wünscht, ich wär des Liedes letzter Ton,
still hallt das Herz für kurze Zeit,
umtanzt im Traum die Melodie,
verschwindend in des Todes Fron.

Der Duft des alten Blutes Saft,
ewig faulend vor mir schwebt,
doch die Erinnerung verblaßt,
und neue Schnitte tief in mir,
geben nur zum Schein noch Kraft.

Ich wünscht, ich wär des Atems feiner Hauch,
noch spürbar in der Existenz,
doch langsam stetig sterbend,
wie ein zarter Kuß auf deinen Bauch.

Die Narben lagen einst zur Brache,
der Heilung Ziel war angedacht,
doch ward der Winter nur gesät,
Fraß der Kälte scharf gemacht,
blieb nur die Klinge und der Narben Rache.

Ich wünscht, ich wär des Sternes schwaches Funkeln,
sichtbar noch, Konstanz des Lebens,
doch gibt es ihn nicht mehr;
er ist vergangenen, fort, verlebt;
eine Erinnerung im Dunkeln.

> Dunkle Bilder <

Ein zerbrochener Spiegel;
seiner Scherben Reflexionen,
die Facetten meiner Seelen.

Tanzende Tränen aus Liebe und Leid,
begleitet von den Orchestern des Seins.

Dunkel, wie ich, sind meine Bilder,
und die Finsternis ist an das Licht gebunden.

Der Blick ins Innere
zurückgeworfen von den Mauern meiner Selbst,
absorbiert vom Echo der Gegenwart.

Jeder Laut und Wortes Klang mit Tiefe intubiert,
fast erstickt am Wesen der Gedanken.

Blutige Hände im tiefschwarzen Raum;
kein Auge wird sie je erblicken,
kein Ohr ihr Hämmern gegen Wände vernehmen.

Die Obskurität der Farben des Lebens
bannen den Verstand,
leiten und beschließen den Schmerz.

Das Lachen im Herzen, hell erstrahlt es,
und stirbt für sich allein,
doch wohl behütet.

Und die alten Bilder werden die neuen sein.

> Zärtliche Klinge <

Sanft und liebevoll gleitet sie,
tröstet deinen Schmerz.

Sie ist ein Freund, der zu dir steht,
dich nie verläßt.

Schön gemalt sind deine Bilder,
die deinen Körper zieren.

Die Klinge war dein Pinsel,
dein Schmerz die Malvorlage.

Die Leinwand lebt und zeigt den Preis,
den du zu zahlen bereit.

Und Du schmiegst dich liebevoll an sie,
läßt dich verwöhnen,
und schläfst mit neuen Bildern ein.

* * * *   * * *   * * *   * * * *

Schmerz ist eine verhaßte Konstante,
die geliebte Stabilität
in mein inneres Chaos bringt.

> Klanggedanken <

Die Form ist längst schon angedacht,
der Konturen Bögen sanft,
und doch zerreißt des Antlitz Bild,
die Worte, die es sprechen will.

Moosbesetzte Klanggedanken
welken ewig, wachsen neu
- des Lebens Töne tief verbracht -,
so grünen stetig zart die Kanten,
wo sie einst nur Leere fanden.

Das Bildnis spricht in dunklen Formen,
der Ursprung schallt verstorben,
es knospen doch des Herzens Seelen,
und nur die Hülle scheint am Leben.

Vertraute Klänge meißeln Linien,
den Worten Ort und Zeit gegeben;
das Antlitz nährt am Spiegelblick,
doch läßt in Moll den Tod zurück.

> Mondschein-Ode <

Der Liebe sanfte Hand mich schuf,
in sie will ich mich ewig betten,
durch mich erhalten, von ihr getragen,
folgend diesem zarten Ruf,
in ihr wachsen, doch nicht schmücken,
ganz der Botschaft zu erretten,
die vertieft in jedem Sein:
"Siehst du sie, so sieht sie dich";
lieblich schmerzhaft Mondenschein.

Und wenn das Dunkel mich erreicht,
in seine Leere zieht,
dann nimm mich bitte mit dir heim,
in das, was nur das Herze sieht.

* * * *   * * *   * * *   * * * *

Ich liebe endlos lange Sätze,
mit Kommata und Semikola,
Gedankenstrich und Doppelpunkt,
verschachtelt,
tief in sich verwoben;
weil in mir die Sehnsucht brennt,
die Liebe nie ein Ende kennt.

> Echo <

Der Wege Vielzahl ging ich wohl,
um dich zu finden, hier im Jetzt,
doch fand ich nur die Sternensplitter,
und die meiner Füße blut'gen Sohl'.

Du warst nie hier, noch anderswo,
nicht hier im Jetzt, doch andertwann,
hast dich der Phasen widersetzt;
der Zeit, dem Raum, mal so, mal so.

Ein Riss der Sphären, hier und da,
die Farben treiben buntes Spiel;
die Spuren sind mit Staub benetzt,
und ich such da, wo niemand war.

Mal bist du fort, dann nie gewesen,
ein Flackern nur, im Mondenschein,
hast die Nacht zum Tag gesetzt,
nur konnt ich deine Spur nicht lesen.

Ich weiß du bist und lachst noch froh,
versteckt im Nichts, wo niemand weint;
dein ewig Echo tief in mir,
der Seele Unschuld, die einst floh.

> Wolkenbilder <

Mit meinen Augen Richtung Himmel,
ich seh Dich Wolkengleich in wehend Bildern,
lächelnd nun vorüberziehn,
und selbst grüne Berge Meere schildern,
getragen von des Windes Wärme,
der Sehnsucht Schmerzen etwas mildern.

Schweifend pflückt mein Herz die Worte,
die mir gefehlt zu alten Zeiten,
das Gras, es wiegt die Tränenblätter,
zeigt mir meine tiefsten Weiten,
lauschend nach des nächsten Tones,
sacht mir um die Seele gleiten.

Der Sonne Strahl küßt zart die Bäume
- ein Hauch von Sommer weht in mir -,
Erinnerungen leise westwärts streifen,
an des Himmels Firmament,
und langsam Richtung Ende reisen,
wo das Herz kein Ende kennt.

All der Duft von strömend Blumen,
Wogen lieblich samt'ger Lippen,
es schlafen hier die Dünenmeere,
gebettet in der Liebe Glück,
und das Echo alter Zeiten,
bleibt in mir, für mich, zurück.

* * * *   * * *   * * *   * * * *

In der kalten Ketten Schweigen
bricht der Sehnsucht Liebe Träne,
das Licht zu seiner Ursprung Farben.

> Rabenverse <

Kleine lieblich Tropfen fallen,
aus der Wolken Graukontur,
sehen Bilder, längst verfallen,
den Zeiten gebend doch Struktur,
auf die Haut, die noch mein Eigen,
und mein Blick bricht sich in ihnen,
einst'ge Farben mir aufzeigend,
die fröhlich mit Gedanken spielen,
- nun der Sehnsucht Feuchte dienen -,
lassen sich auf mir hernieder,
zeichnen Noten krächzend Raben,
tragen Verse im Gefieder,
schwarz melierte, tröstend Gaben,
welche sich empor erheben;
und ich seh in mir nach oben,
schaue gleitend Adler schweben,
Wolken, Tropfen - Lebensboten.

* * * *   * * *   * * *   * * * *

Das Licht dieser Welt fällt jenen zu,
die das Dunkel in sich
heraufbeschworen haben,
um es zu trösten,
mit Liebe zu verwandeln.

> Von der Gemeinsamkeit der Nacht
und der Abgrenzung durch das Licht <

Auf jedes kleinen Lichtes Strahl
reist bereits sein Schatten mit;
und er erkennt,
wenn auch noch fahl,
was künftig einst Kontur erlitt.

So dachte sich das Licht im Nu:
"Ich packe Farben mit dazu,
und bringe Wärme noch ins Spiel",
was dem Schatten dann gefiel;
denn so war er selbst geblieben,
und man durfte Beide lieben.

* * * *   * * *   * * *   * * * *

Die Individualität eines jeden einzelnen
kann nur in der Gemeinschaft,
im gemeinsamen sein,
entstehen, sich entfalten, bestehen;
ansonsten ist man weder Individuum noch individuell,
sondern einfach nur allein.

> Schönheit ungesehen <

Ein Anblick,
Duft und Hauch der Seele,
lieblich strömt er durch die Welt,
tastest ihn mit gierig Augen,
bleibt dem Herzen doch verhüllt,
unverstanden leise singend;

sich ihm nähern, ihn verschlingen,
an sich reißen, an sich binden,
liebkost den Zyklus seines Lebens,
dadurch jedoch sterben sehen,
Versuch,
darinnen ewig schweben,
zeichnet Wunden,
aufgeklafft;

erst der Verlust die Schönheit schafft;

bis dahin bleibt sie ungesehen,
die vollendet in sich strahlt;

sie zu Lebenszeiten heiß begehrt,
im Tode aber erst geehrt,
das Herz sich nach der Schönheit zehrt,
welch sie im Leben nicht gefunden,
nur an oberflächliches gebunden;

liebäugelt stets mit Abgesandten,
Schönheit stetig falsch verstanden;

nun sehnend geht der Blick zurück,
an das was war,
noch nicht gepflückt,
doch schon alles in sich trug,
welch die Seele einst gesucht;

und trocken Blätter einer Rose,
der Blüte zarter Liebeshauch,
liegen sanft in betend Händen,
sie wieder zu dem Leben fänden,
daß sie einst trugen,
in sich tief,
und alle Schönheit ihres Antlitz,
leise in der Welt nur schlief,
bis Augen suchend nach dem Sinn,
sich in ihr zum Glücke finden.

> Seelenstädte <

Rote Worte schlagen in meiner Seele Herz,
schneiden sich ihren einsamen Weg,
der dem Verstand Erfüllung bringt,
gleichsam ihnen die Erlösung,
in das Fleisch der Erkenntnis,
aus welchem Hoffnungsstädte einst erschaffen.

Endlos gebaute lange Straßen,
verwinkelte Gassen und scharfe Bordsteinkanten,
ziehen sich durch die Städte meines Verstandes;
Erinnerungen aus verflochtenen Häusern gebaut,
die sich an die Wege pressen,
welche ich abschreite, um mein Ich zu finden.

Wie versteinerte Kreaturen des Herzens Worte,
doch voller Liebe Inbrunst gemeißelt,
selbst im Fallen wahrhaft strahlend;
oxidierender Mörtel offenbart Inneres,
verleiht Halt, Antlitz im betrachtenden Wandel,
läßt keine Begrenzung zu, verschmilzt.

Zerrissene Fenster gewähren mir Einblick,
lassen mich gemaltes Leben erkennen,
werfen ihre Bilder auf die Straßen;
aschfahle Töne dringen nach draußen,
fließen zu den Flüssen meiner Seele,
doch versiegen im durstigen Asphalt.

Die Nacht erhellt die Szenerie,
während der Tag das Wesentliche verschluckt,
den Sinnen ihre Grundlagen entreißt;
so folge ich den Düften meiner Jahreszeiten,
vernehme warme Stille, kalte Regsamkeit,
entdecke vergessene Spielplätze auf Friedhöfen.

Einzelne Worte liegen im Gelände der Zeit,
gebrochen aus den Blickstrukturen,
doch ewig eins, der Seelenstädte Teil;
zarte Wurzeln roter Ströme halten Leben,
verwachsen die Trümmer zu ihrem Ursprung,
legen ihre Wahrheit in mein Herz.

So stehen meine Worte Ruinen gleich
an den Straßen meiner Hoffnung,
zerfallen nicht, obgleich sie schwinden,
gehen in die Zeiten ein, aus denen sie entstanden,
lassen immergrüne Ranken ihre Mauern tief verhüllen,
sie nie gewesen sind und dennoch da.

* * * *　* * *　* * *　* * * *

Das gebrochene Herz
schreibt die schönsten Gedichte,
die gequälte Seele
malt die schönsten Bilder.

> Tränen der Sonne <

Fröhliche Gedanken hetzen durch die Straßen meines
schwindenden Verstandes,
angelockt von den ersten Boten des herannahenden
Morgen;
die Nacht war dunkel in ihrem Verlangen,
wollte ihren Zoll eintreiben.

Grell waren die Schreie, die dem Mondenschein glichen,
verkrochen sich im ewigen Schweigen vor ihrem eigenen
Schatten;
der Ausweg tief verborgen im Untergrund der
Emotionen,
keine Markierung wies die Richtung.

Dumpf hämmerten die Schläge meines Herzens,
trieben quälende Gedanken voran, löschten jedes Licht;
das Tor zum Schutze ward längst aufgebrochen,
die Masken in tausende Stücke zersprungen.

Entsetzlicher Druck versetzte Fleisch und Wunsch
in Spannung,
zerrissene Körper vergangener Leben suchte ihre Glieder;
die Klinge war scharf, der Behälter gut gefüllt mit Farbe;
jeder Tropfen würde die Spur nach draußen aufzeigen.

Pulsierend wiesen die Pfützen den Weg und gaben mir
Hoffnung,
bändigten die Nacht, der Preis des Lebens entrichtet;
der Tag erwachte aufs Neue und ich bin nun hier,
die Sonne läßt ihr Licht erstrahlen, weint warme Tränen.

Und am Rande liegt ein Körper, blass und leer.

> Verschlossene Wehre <

Dunkel, die Zeit, mit verschlossenen Wehren,
grau meliert das Abendrot,
hell scheinen Bögen aus anderen Sphären,
die Luft ist klar, die Stille ist tot.

Lautlos, die Wasser, sie stehen im Leben,
finstere Tiefen im seicht flachen Grund;
es spiegeln sich schamlos Nehmen und Geben,
kein Tropfen entleert der Dunkelheit Schlund.

Entlaubt, die Bäume, durch eisige Kälte,
knöcherne Äste zerreißen das Licht,
mit erahnbarem Knarzen in kommender Bälde,
und einer Seele, die sehend zerbricht.

* * *   * * *   * * *   * * * *

Jede Veränderung des Äußeren
sollte auf einer
Erweiterung, Weiterentwicklung
des Inneren beruhen.

> Trümmerlied <

Komm,
spiel ein Lied in den Trümmern dieser Welt,
wo angeschlagen Töne Mahnung sind,
Erinnerung an alte Bauten,
und offen Himmel 'dächtig lauschen,
letzten Worten dieser Zeit,
Sternenlicht diffus verklingt,
sammet klar in Nacht gehüllt,
in den Weiten nur ein Rauschen.

* * * *   * * *   * * *   * * * *

Die Armut eines jeden Menschen
fängt bei der Armut seines Herzens an.

> Fehlende Impressionen <

Ausgezogen, wieder ein,
das Leben schaut ganz kurz vorbei,
teilt sich mit in seinen Formen,
will des Teiles Ganzes sein,
zersticht sich selbst an seinen Dornen.

So des Schreibers Feder ruht am Blatt,
liegt verbleicht im Tintenmeer;
spröde ist die Zeit geworden,
gar der Inhalt scheinbar leer,
und Menschen, die die Träume morden.

* * * *   * * *   * * *   * * * *

Ich kann nicht
in allen Punkten, Bereichen,
an mir vorbei;
aber ich kann versuchen
mich selbst an die Hand zu nehmen,
damit ich mit mir mitkomme.

> Mondscheintränen <

Tränen glitzernd Mondenscheins
entwandeln flackernd glimmend Augen,
tragen leises Sehnsuchtsfunkeln,
hängen noch am Liebe-Glauben,
strahlen kleinen Perlen gleich im sanften Licht,
das nie vergeht;
ein fließend Schmerz aus tiefsten Wassern,
und jede deinen Herzschlag lebt.

Von des Mondes spiegelnd Meer
sie bittend nach der Venus blicken,
und halten sich an deinen Wangen
- ein flehend Wort zur Göttin schickend -,
verzweifelt rinnend Richtung Schoß,
einander greifend bei den Armen,
verschmelzen ihren Schrei zum Fluß,
des Herzens blutend Ruf: "Erbarmen".

Die Zeit vergeht und trocknend Tränen
wissend ihrer Endlichkeit,
binden sich ans Himmelsg'stirne,
den Mond,
der nun für sie so ewig weint;
und leuchtend bis der Liebe Tode,
in ihm verborgen Kund zu tun;
so schläft er nun einmal im Monat,
um für dein Rufen auszuruhn.

* * * *   * * *   * * *   * * * *

Die Träume des Tages
sind die Wünsche des Verstandes;
die Träume der Nacht,
die Sehnsüchte des Herzens.

> Tränengold <

Ich möcht gern deine Tränen kaufen,
meine sind in mir verstummt,
sehne mich nach diesem Rauschen,
das in mir schwillt, in tiefem Grund;

in Glückes Ursprung prickelnd sprießen,
jubilierend, feiernd Tanz,
der Rührung Demut Festgewand,
und in sich tragen goldnen Glanz;

aus des Schmerzes dunklen Träumen,
mich erstickend, zwingend Pein,
das Herz in mir zu Staub zerreißend,
Offenbarung Mensch zu sein;

sie aus Freude, oder Schmerz,
in meine Augen sich ergießen,
der, der wahren Glückes ist,
dem noch ein paar Tränen fließen;

nichts ist's noch wert, mein leeres Lächeln,
wenn kein Tropfen das verehrt,
was durch dich, der Liebe Leben,
in meinem Herzen wohnt,
und stetig meine Seele nährt;

wie sollt ich mangelnd Worten sagen,
das jemand, etwas mir so fehlt,
die Welt sich nicht mehr weiter dreht,
weil ein Weiter nichts mehr zählt;

Ein Preis, der soll mir Schnuppe sein,
wie der Sternen Zahl am Tag;
ich schenk dir selbst mein restlich Leben,
für ein Tränenletztesmal.

> 'Kelchen <

Im lauen Duft der Morgenröte,
die Klänge spielten schon Prälur,
erweckten Träume mich zur Blöße,
die Seele einig der Natur.

Ein 'Kelchen sang mit lieblich Stimme,
das Gefieder fein gelegt,
zur Morgenandacht ihre Hymne,
an den Tag, den es heut lebt.

Mit feurig Inbrunst, dennoch sacht
 - es ward mir blühend so ums Herz -,
hat sie dem Gestern noch gedacht,
und stellte Freude neben Schmerz.

Es war ein Auf und ein Hernieder,
ganz zärtlich leise, schallend laut;
in meinem Herzen sprangen Bilder,
welch ich einst so gern geschaut.

So verharrt' ich nackt in meinem Herzen,
und lauschte dieser Melodei,
war, für eines Augenblicke,
dem Kelchen eins, für immer frei.

Ein Hauch verwebt in Traumes Augen,
begleitet mich in meinen Tag;
und wenn ich strauchel, weil's mir weht,
sinn ich, was das Kelchen tat.

> Erhoffter Kuß <

Darf ich meine dämmernd Lippen
auf die deinen pressen,
diesen Rausch nur mit dir teilen,
welchen uns kein Leben gibt,
die unsren Sinne sich vereinen,
auf das wir weder sind noch hier?

Darf ich mit meiner Nasenspitze
die deine sacht touchieren,
die Wärme deines Atems spüren,
wie sie nur die Sonne gibt,
wir uns im Lebenshauch verlieren,
umschlungen in dem Augenblick?

Darf ich meine kant'gen Wangen
an deine zarten schmiegen,
mit dir an jenem wonn'gen Ort verweilen,
der uns den Himmel bringt so nah,
mich an deinem Wesen reiben,
auf das es ist für immer wahr?

Darf ich meine grame Stirne
an deine freud'ge lehnen,
von deiner tanzend frohen Seele,
mir nur ein kleines Stückchen nehmen,
mich dir öffnen herzenswahr,
zu wünschen diesen einen Wunsch,
daß es bloß kein Traume war?

* * * *　　* * *　　* * *　　* * * *

Für den einen Menschen
macht es einen Unterschied,
ob er geküßt wird oder nicht;
für den anderen nur von wem.

> Blütenblätter-Nebeltau <

Sanft legt sich der Nebeltau
auf lieblich zarte Blütenblätter,
liebkost sie sanft mit Engelshauch,
des dürstend Lebens stiller Retter.

Der Wiesen, Haine, ruhige Flure,
ein Quell der Demut gläubig Wartens,
kein Verzagen rief im Chore,
auch wenn die Wolken sie oft narrten.

Umhüllt von 'dächtig Lebensfreude,
die Köpflein hebend, sich erlabend,
ein 'stohlen Kuss zur Nachbarsblüte,
besinnend leben, jetzt nicht fragen.

Und als des Nebels Decke wich,
der Sonne Strahlen sie ergreift
- Leben spendet, es verzehrt -,
die Blätter sich zum Abend senken,
sie bleiben still und warten schlicht,
dem neuen Morgen Glauben schenkend.

* * * *   * * *   * * *   * * * *

Liebe ist der Ursprung
-
nicht die Frucht;

Liebe ist der Glaube
-
nicht das Gebet.

> Nur ein Stein <

Auf einem befriedeten Weg gehen
sinnend gehen

einen Stein entdecken
aufheben
ihn aufheben

einen Stein halten
einen Stein in der Hand halten

fühlen, betrachten, entdecken
Hände wechseln
einen Stein in der Hand halten

Entdecken aufheben
sicheren Platz am Weg suchen
fühlen

den Stein sacht ablegen
weitergehen

einen Blick zurückwerfen
Tränen rinnen
zurückgehen

einen Stein in den Händen halten
ein Herz in den Händen entdecken
aufheben

> Kleiner Kiesel <

Ein Kiesel lag am Wegesrand,
und lag dort so, wie er's verstand,
nicht stürmend nach der Meilen Zahl,
gar springend, hüpfend mal zu mal,

nein, er lag dort still und stumm,
blieb geduldig, wußt warum,

auch des Wetters harte Zeiten,
konnten's Warten nicht verleiden,
selbst Pferdehufe, Motorwagen,
konnten ihn dort nicht verjagen,

nein, er blieb so ganz allein,
wußte nur, es muß so sein,

ließ sich auch von Not nicht locken,
war ganz ruhig und unerschrocken,
und der Jahre Zahl verging im Land,
ohne daß er Schmach empfand,

nein, er dachte nur so vor sich hin,
nichts ist umsonst bewußt im Sinn,

und eines schönen einfach Tages,
nicht besonders, heiß war es,
kam ein Fräulein baren Fußes,
trat auf ihn und sprach doch Gutes,

nein, dies war ihm nicht geheuer,
wußt er doch um Menschen Mäuler,

obwohl sie wankte, fast auch fiele,
wenn ein Mann sie nicht noch hielte,
der ihre Worte auch vernahm,
ein sel'ger Blick, im Herzen warm,

ja, nun kamen ihm Gedanken,
die sich nur um eines ranken,

der Beiden Augen sich nun fanden,
ein Funkeln, Glitzern bald entstanden,
wie vom Schicksal auserkoren,
und sie sich in sich verloren,

ja, er hatte recht gelegen:
Kleiner Kiesel, großer Segen.

* * * *　* * *　* * *　* * * *

Du kannst nicht mehr sein als du bist,
und du kannst nicht mehr tun als du vermagst;
aber all das liegt in dir zu bestimmen,
ihm entgegen zu streben.

Dies Büchlein zum Sein zu erwecken war mir nicht nur ein Bedürfnis aus einer Liebe zum Gedichte schreiben heraus, sondern auch, weil es einen Teil meiner eigenen Verarbeitung der Problematiken, denen ich mich zu stellen habe, darstellt, es für mich eine Möglichkeit ist, das darzustellen, was nicht auszusprechen, nicht einfach erklärbar, gar widersprüchlich, erscheint.

Wie oft habe ich nach Ansätzen zu dem gesucht, was in mir vorging und vorgeht, und auch zu dem Wie, doch fand ich in der rein sachlichen, auch mit Emotionen untermalten Verbalisierung, keine Ausdrucksform, keine inhaltlich annähernd verständliche Sprache, sodaß es mich zufrieden stellte, ich gefühlt hätte, daß ich wenigstens einen kleinen Teil habe formulieren können; nur in meinen Gedichten und Phrasen kann ich derzeit das ausdrücken, was in mir ist, die Komplexität vieler Gedanken und Gefühle in Bilder geschriebenen Wortes fassen.

Mein Dank geht daher auch an meine Familie, meine Freunde, die mich entweder hier im Jetzt unterstützen, oder mit mir die Bausteine in der Vergangenheit gesetzt haben, die jetzt notwendig waren und sind, damit ich mit all dem halbwegs habe umgehen lernen können.
Ohne sie wäre es ein ungleich schwererer Weg geworden, oder hätte mich einen gehen lassen von dem geschriebene Worte nicht oft die Sphäre der Lebenden erreichen.

Ich möchte dieses Buch mit einem kleinen Ausspruch beenden, der mich lange Zeit begleitet hat:

"Ich will nicht mehr Möchten müssen dürfen!"

Nun, ich muß nicht mehr; aber ich möchte wieder.

Vorschau
auf einen angedacht 2. Gedichtband

Arbeitstitel: Dunkelreigen - Finsterspiele

> Laute Stille im Nebel <

Weit verzweigte Adern bahnen sich ihren Weg,
durch die Mauern dieses Ortes,
lassen strömen die Massen,
sie ohne Widerstand
durch die engen Gassen fließen.

Der Fluß der Menge kennt kein Halten,
durchdringt, was ihm im Wege steht,
reißt es mit sich, im Geschrei der...
...

    •••••   **•••••**   **•••••**   **•••••**   **•••••**

> Der Kerker <

Und an des Kerkers kalten Wänden
fließt und tropft herab das Blut,
will sich im Dreck des Bodens nun verschwenden,
obgleich dort lebt der Selbstsucht Brut.

Wohl geschmückt ist dieser Kerker,
Fetzen Fleisch zu fein Girlanden ausstaffiert,
Sehnen, ehemals im Körper...
...

> Die Träne <

Es liegt ein Körper kalt und leer,
an einem Baum bei schönem Tage,
mit friedlich Lächeln im Gesicht,
und eine Träne funkelnd sehr,
verließ sein Auge auf die Frage,
was in ihm herrschte: Dunkel, Licht?

Des Körpers Lippen aber stumm,
kein Laut sich auf die Frage regt,
die Seele ist längst...
...
 •••••   •••••   •••••   •••••   •••••

> Geliebter Schmerz <

Ich stehe am Abgrund,
bemerke ihn,
fürchte ihn nicht.

Meine Gedanken sind unendlich,
durchstöbern meinen Geist..
...
 •••••   •••••   •••••   •••••   •••••

> Ein schöner Tag <

Des Tages Schein mein Herz erwärmt,
mich strahlen läßt vor Wonne;
das Messer ist gut angeschärft,
ich schneid mich in der Sonne.

Der Vöglein Klang mir bringt Behagen,
mein Lächeln ist nicht aufgesetzt;
die Schnitte gut am Bluten sind,
die Sehnen hab ich...
...